Versilus para peques y masssss

Versilus para peques y masssss

LORPAT

Círculo Rojo
EDITORIAL

Primera edición: febrero 2025

Depósito legal: AL 4084-2024

ISBN: 978-84-1097-619-1
Impresión y encuadernación: Editorial Círculo Rojo

© Del texto: Lorpat
© Maquetación y diseño: Equipo de Editorial Círculo Rojo
© Ilustraciones, portada, interiores y contraportada: M.ª Dolores Rivera Patiño

Editorial Círculo Rojo
www.editorialcirculorojo.com
info@editorialcirculorojo.com

Impreso en España - Printed in Spain

Mi intención al mostrar estos cuentos ilustrados es llegar a las mentes más jóvenes que están iniciándose en la poesía.

El contenido de los poemas hace referencia a sucesos acaecidos en el transcurso de mi vida. Son absolutamente reales en su mayoría; otros, fruto de mi imaginación.

Confío en que sean del agrado de mis lectores.

LORPAT.

En la terraza de abajo
oigo maullar una gata,
miro hacia un lado y a otro
no veo nada de nada.

Me paro a escuchar un poco,
¡qué disgusto si es mi gata!,
en la terraza se encuentra
debajo de mi ventana.

¿Dio un salto o quizá cayó?
Pide auxilio consternada.
Bajo corriendo al conserje
explicando lo que pasa.

Las llaves, presto le pido.
Rápido a buscarlas baja,
y al apartamento paso,
que vacío se encontraba.

La reconforto en mis brazos,
al fin logro rescatarla.
Después del susto sufrido
ya estamos las dos en casa.

Lucero de blanco y negro,
sano, libre y callejero,
convincente pedigüeño,
sacié algún día su anhelo.

Dándome baños de barro
feliz vivo entre mi fauna,
el buche lleno de insectos,
soy un sapo en una charca.

En mi nariz se ha posado
un mosquito despistado,
y veloz me lo he tragado.

En diferentes escalas
su entorno conocerán,
y diversas experiencias
sus cuerpos moldearán.

Un murciélago encontré
casi muerto en mi terraza.
Miedo me dio de tocarlo
quizá dormido se hallaba.

Miraré al atardecer,
tal vez siga en la solana,
de reojo eché un vistazo,
inmovible se encontraba.

Mejor dejarlo, pensé,
y me dormí preocupada.
A la mañana siguiente
fui corriendo a la ventana.

En el sitio había un vacío,
el murciélago no estaba.
Me embargó un gran regocijo.
¡Se sintió sano y volaba!

Los pájaros
siempre supieron
que la tierra
era redonda.

Una pareja tenía
de pájaros en su jaula.
A trabajar yo me iba
y abierta se la dejaba.

Al regresar del trabajo,
¡qué sorpresa! ¡Si no estaban!
Los busqué por todas partes,
pero no los encontraba.

Caí en la cuenta después de
que entreabierta una ventana,
sin darme cuenta, dejé,
al salir por la mañana.

Y los amantes supieron
franquear la cortina echada,
sintiendo la libertad
que ante ellos se mostraba.

Ambos se fueron volando.
El cielo les esperaba,
nuevas emociones juntos,
y experimentar el alba.

Cuando era muy niña
y hacia el cielo miraba,
creía que con tizas
el avión pintaba.

De colores variopintos,
nos han servido en la mesa
un helado de pistacho
y otro de sabor frambuesa.

ÍNDICE